A Gift
from

FRIENDS
OF THE
PALO ALTO
LIBRARY

Palo Alto City Library

The individual borrower is responsible for all library
material borrowed on his or her card.

Charges as determined by the CITY OF PALO
ALTO will be assessed for each overdue item.

Damaged or non-returned property will be billed to
the individual borrower by the CITY OF PALO ALTO.

P.O. Box 10250, Palo Alto, CA 94303

TIRANOSAURIO

por Janet Riehecky
ilustraciones de Diana Magnuson

THE
CHILD'S
WORLD

MANKATO, MN

*Con el más sincero agradecimiento a Bret S. Beall,
Coordinador de los Servicios de Conservación para
el Departamento de Geología, Museo de Historia
Natural, Chicago, Illinois, quien revisó este libro
para garantizar su exactitud.*

Library of Congress Cataloging-In-Publication Data
Riehecky, Janet, 1953-
[Tyrannosaurus. Spanish]
Tiranosaurio / por Janet Riehecky; ilustraciones de Diana Magnuson.
p. cm.
ISBN 1-56766-123-8
1. Tyrannosaurus rex--Juvenile literature.
[1. Tyrannosaurus rex. 2. Dinosaurs. 3. Spanish language materials.]
I. Magnuson, Diana, ill.
QE862.S3R54   1994
567.9'7-dc20   93-42607

TIRANOSAURIO

Antes de que las personas habitaran la tierra, los dinosaurios vagaban por el mundo.

Era un mundo peligroso en aquella época. Pero los dinosaurios tenían muchas maneras de protegerse.

Algunos eran pequeños y veloces. Cuando se acercaba algún peligro, simplemente escapaban corriendo.

Otros eran demasiado grandes como para
moverse con rapidez. Cuando se veían en peligro,
simplemente se acercaban unos a otros para formar
una muralla.

Otros se protegían con una armadura sobre el
cuerpo. Los animales que intentaban morder el cuerpo
con armadura terminaban rompiéndose los dientes.

Algunos utilizaban partes de su cuerpo como armas.
Para defenderse de los enemigos usaban los cuernos de la
cabeza o los garrotes al extremo de la cola.

Pero había un tipo de dinosaurio al que no le importaba lo que hicieran para defenderse los demás dinosaurios, puesto que él podía con todos ellos. Ese dinosaurio era el tiranosaurio.

El tiranosaurio, cuyo nombre quiere decir "lagarto tirano", era el carnívoro más grande que jamás ha habitado la tierra. Había dinosaurios que eran más grandes que el tiranosaurio, pero eran herbívoros mansos. ¡El tiranosaurio no tenía nada de manso!

El tiranosaurio podía medir hasta 6 metros de alto (eso es tres veces más grande que tu papá), 15 metros de largo (eso es más largo que un autobús urbano), y pesaba más de siete toneladas (eso son 7.000 kilos). Todo el cuerpo del tiranosaurio estaba diseñado para la caza.

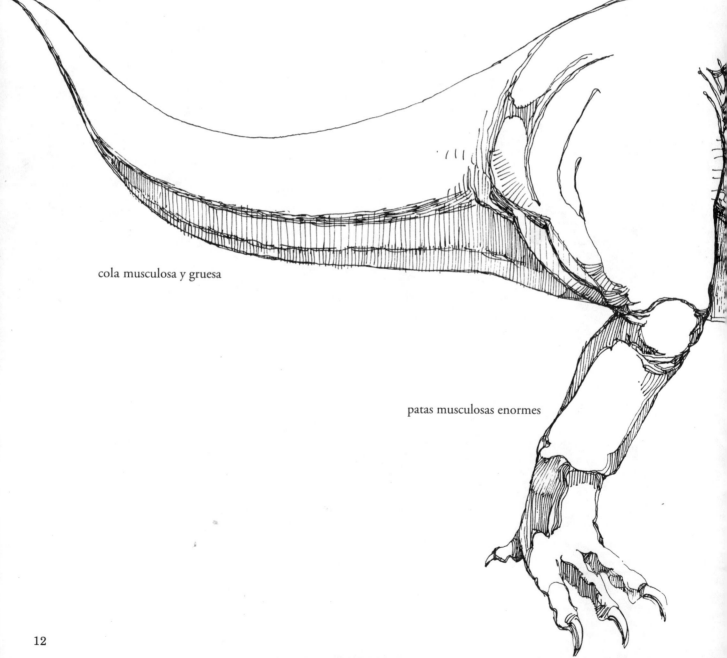

cola musculosa y gruesa

patas musculosas enormes

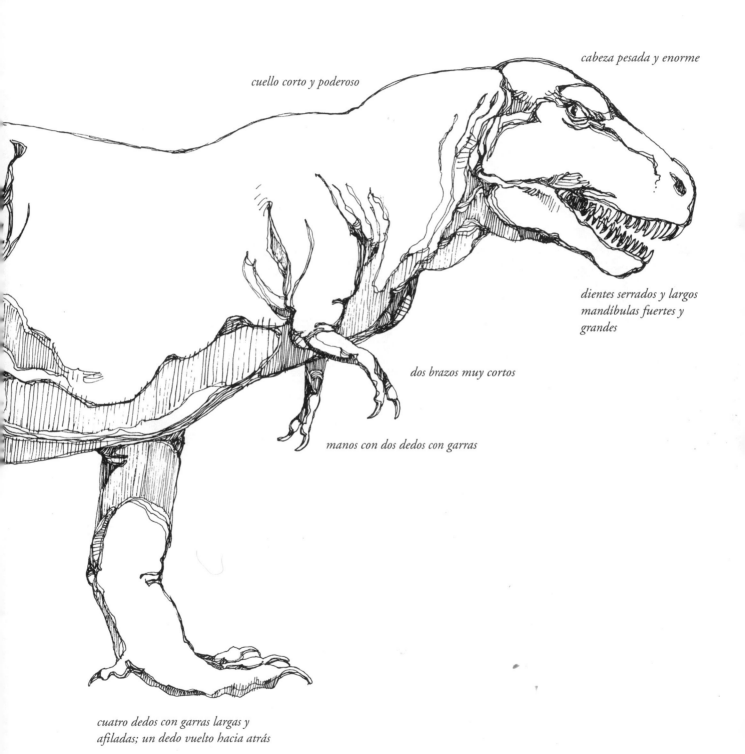

cuello corto y poderoso

cabeza pesada y enorme

dientes serrados y largos
mandíbulas fuertes y
grandes

dos brazos muy cortos

manos con dos dedos con garras

cuatro dedos con garras largas y
afiladas; un dedo vuelto hacia atrás

El tiranosaurio caminaba sobre las dos patas
traseras, dominando el paisaje. Esas patas eran muy
fuertes. Algunos científicos piensan que eran lo
bastante fuertes como para que el tiranosaurio pudiera
perseguir a su presa a velocidades de hasta 48

kilómetros por hora. Al menos por una distancia corta. Y una vez que el tiranosaurio atrapaba a su presa, las tres garras afiladas de cada pie se volvían armas terribles.

Sin embargo, eran aun más temibles los dientes del tiranosaurio. Medían más de 15 centímetros de largo y tenían los bordes muy afilados. Algunos científicos creen que los tiranosaurios mataban a su presa corriendo hacia ella con la boca abierta y mostrando esos dientes espantosos. Esto les ahorraba tiempo. Cuando alcanzaba a la presa, el tiranosaurio ya había dado el primer bocado.

La cabeza grande del tiranosaurio también
contenía un cerebro enorme, más grande que el de un
ser humano. Pero eso no quería decir que el
tiranosaurio fuera tan listo como una persona.
Solamente utilizaba una parte diminuta del cerebro
para pensar (probablemente en su próxima comida).
La mayor parte del cerebro controlaba la vista y el
oído del tiranosaurio (¡para poder perseguir y atrapar
su próxima comida!).

Parecería que un dinosaurio como el tiranosaurio no debía tener ningún problema en absoluto. Pero sí lo tenía. Era un problema muy extraño. Los científicos piensan que si el tiranosaurio se acostaba, le costaba mucho trabajo levantarse. ¡Un gran problema para un dinosaurio al que le gustaba levantarse por la mañana para desayunar!

Puesto que los brazos del tiranosaurio eran demasiado pequeños y débiles, no le servían para apoyarse y levantarse. De hecho, los científicos se han preguntado durante muchos años por qué el tiranosaurio tenía esos bracitos tan pequeños, si ni siquiera eran lo bastante largos como para llevárselos a la boca.

Entonces, un científico sugirió un uso posible
para dichos brazos. Cada mano tenía dos dedos con
garras largas. Si el tiranosaurio clavaba esas garras en el
suelo, le ayudaban a no resbalarse. Entonces podía
utilizar las patas traseras y fuertes para levantar el
cuerpo.

No sabemos si esto es cierto o no, pero puede ser
que esos bracitos fueran necesarios para que el
poderoso tiranosaurio no se cayera de narices.

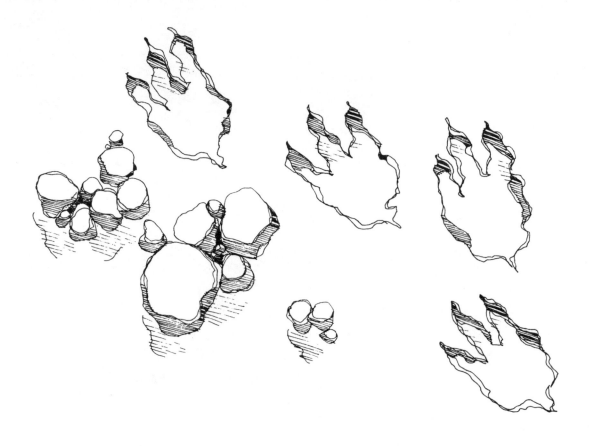

No se sabe mucho sobre la vida en familia del tiranosaurio. Las huellas que se han encontrado sugieren que la mayoría de los tiranosaurios viajaban solos o en pareja. Aparentemente, no se llevaban muy bien entre ellos, y tampoco eran muy apreciados por los demás dinosaurios.

Probablemente ponían huevos, pero los
científicos no saben si las madres cuidaban a sus crías
al nacer o si las abandonaban a su suerte.

Los científicos continúan estudiando el tiranosaurio con la esperanza de encontrar respuestas a estas
preguntas y a otras.

El tiranosaurio fue uno de los últimos dinosaurios en extinguirse pero desapareció al igual que el resto de los dinosaurios hace 65 millones de años.

Los científicos no saben si una catástrofe repentina mató a todos los dinosaurios, o si fueron desapareciendo poco a poco.

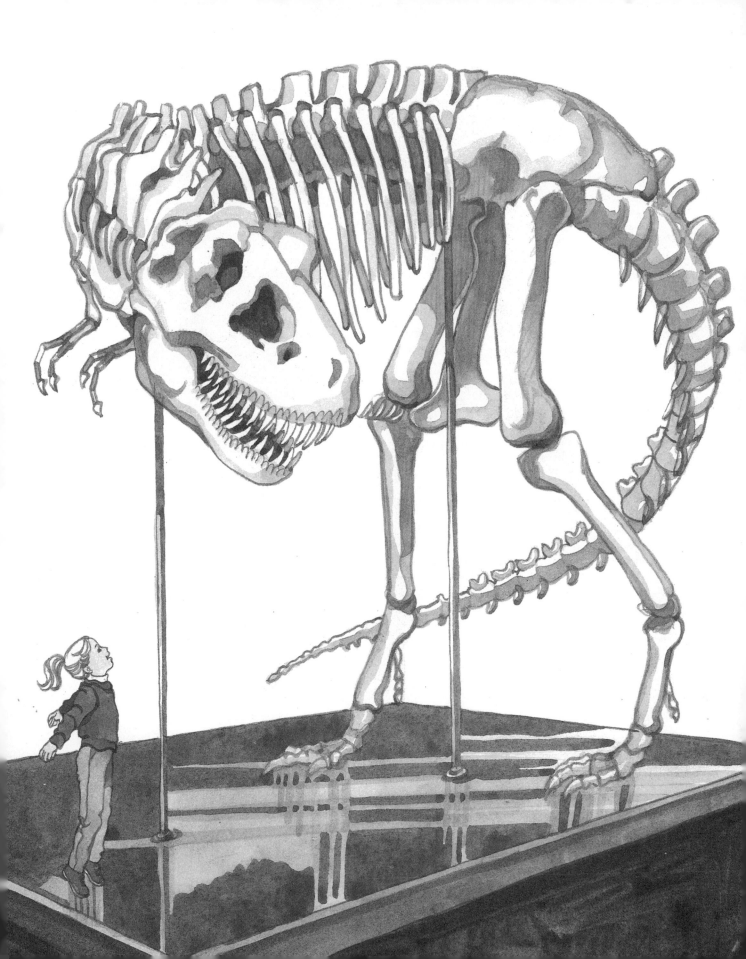

Es posible que una enfermedad terrible se propagara por el mundo. O que desapareciera su suministro de alimentos. O que la tierra se volviera demasiado caliente o demasiado fría para que pudieran vivir los dinosaurios. Es posible que nunca lo sepamos con seguridad.

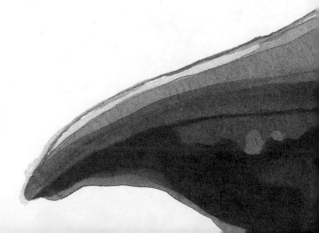

Pero quizás es mejor que no haya tiranosaurios en la actualidad. Eso haría el mundo muy peligroso para nosotros.

¡A divertirse con los dinosaurios!

El tiranosaurio era uno de los dinosaurios más feroces que ha vivido jamás. Pero parecía bastante indefenso cuando trataba de levantarse después de estar acostado. ¿Cómo era de difícil para el tiranosaurio levantarse? Intenta lo siguiente para averiguarlo: Acuéstate boca abajo. Ahora trata de levantarte sin utilizar las manos. Si no puedes hacerlo, inténtalo utilizando solamente los codos. Ahora te das cuenta de lo indefenso que se debía sentir el tiranosaurio.